e 98/14

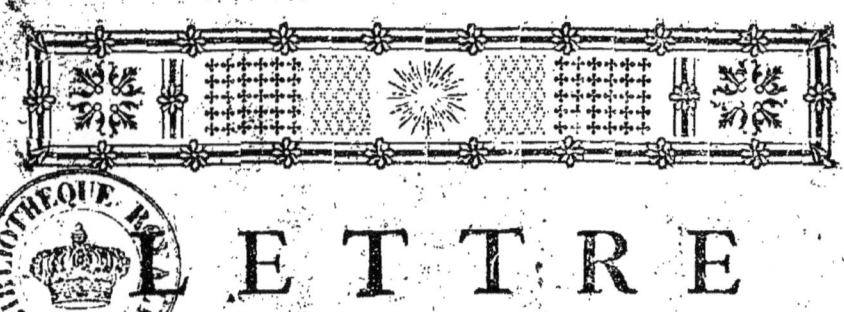

LETTRE

De Monsieur GOULARD, Conseiller du Roy, Maire de la ville d'Alet; de la Société Royale des Sciences de Montpellier, de l'Académie Royale de Chirurgie de Paris, & de celle de Lyon; Maître, Professeur, & Démonstrateur en Chirurgie, Démonstrateur Royal d'Anatomie au Collége de Médecine, & Chirurgien Major de l'Hôpital du Roy à Montpellier.

A Monsieur DE LA MARTINIERE, Ecuyer, Conseiller & Premier Chirurgien du Roy, Président de l'Académie Royale de Chirurgie.

MONSIEUR,

Il est vrai que ce que j'ai eu l'honneur de vous envoyer concernant le Reméde, & l'usage de mes Bougies est trop succint, & qu'il est nécessaire d'entrer dans un plus long détail pour mettre les Chirurgiens en état de s'en servir utilement.

Je vais donc suivre vos intentions là-dessus, elles sont toujours justes, honorables à la Chirurgie, & utiles au bien public. Permettez, Monsieur, que cette Lettre tienne lieu du Mémoire que vous me demandez. De cette façon, l'usage de mon Reméde ne sera que mieux reçu du Public & de tous mes Confreres.

Le Mémoire que je fis imprimer à Montpellier en 1746. traite assez de la nature des maladies de l'urétre, du Reméde qui les guérit, & de ses effets. Après avoir donné à Messieurs les Commissaires nommés par la Société Royale des Sciences la composition de ce Reméde dont ils vérifiérent les effets, il est question d'expliquer ici les modifications différentes que je lui donne, pour être employées dans plusieurs cas où la Chirurgie avoit peu, ou n'avoit point encore des Remédes. Voici donc les différentes formules pour la composition de mon Reméde & de mes Bougies.

Composition de la Liqueur propre à fondre les carnosités, appellée Extrait de Saturne.

Il n'est point de Praticien tant soit peu expérimenté dans l'usage des Bougies, qui ne sçache que les excroissances connues sous le nom de carnosités, ont communément leur siége à la fosse naviculaire, au *veru-montanum*, & à la région du canal qui répond à la glande prostate. Quelquefois une seule de ces trois parties est affectée, quelquefois deux, quelquefois les trois ensemble. Dans ce dernier cas, la carnosité placée au voisinage de la prostate, résiste le plus à la guérison & se fond plus difficilement ; on ne peut s'instruire de la situation & du nombre des carnosités que par la Bougie qu'on introduit ; elle est arrêtée ordinairement par la premiere carnosité qui se présente ; lorsqu'on est parvenu à la fondre, on passe à la seconde, & de celle-ci à la troisiéme ; on ignore donc souvent au commencement du traitement, le nombre & la situation des carnosités, & on n'en est instruit que successivement. Voici la composition du Remède propre à les fondre.

Prenez autant de livres de Litarge d'or que de pintes de vinaigre, mettez le tout ensemble dans un chaudron, & faites le bouillir pendant une heure ou cinq quarts d'heure, en remuant toujours avec une espatule de bois, ôtez ensuite le chaudron du feu, laissez reposer la matiere, & vuidez par inclination la liqueur qui surnagera sur le marc, & qu'on gardera dans un ou plusieurs flacons, pour s'en servir dans le besoin.

J'appellerai dorésnavant cette liqueur Extrait de Saturne. C'est cet Extrait de Saturne qui va prendre les différentes modifications dont j'ai parlé.

Premiere espece de Bougies.

Sur chaque livre de cire fondue on mettra demi-once d'Extrait de Saturne en remuant toujours avec une espatule de bois ; après le mêlange fait, on ôtera la bassine du feu, & on trempera dans la matiere des toiles d'environ neuf pouces de largeur, & d'environ deux pieds & demi de longueur, qui soient fines comme de la mousseline, de la baptiste, ou de la toile de Hollande ; pour tremper ces toiles, une personne les tient l'une après l'autre avec les deux pouces & les doigts indices des deux mains par une extrêmité, & jette le reste de la toile dans la bassine, une autre personne la presse avec une espatule pour qu'elle se couvre de la matiere par tout également, & lorsqu'elle en est bien imbuë, celui qui la tient par les deux

A ij

bouts la leve en haut peu à peu & la laisse égouter dans la bassine, & il l'expose ensuite dans un endroit propre pour qu'elle puisse se refroidir. On en usera de même pour chacune des autres toiles, observant toujours que la matiere ne soit ni trop chaude ni trop froide, parce que lorsqu'elle est trop chaude, les toiles ne se couvrent pas assez & il faut les retremper ; & si elle est trop froide, elle s'y prend inégalement. On garde ces toiles pour les découper en languettes obliques, pour que l'extrêmité de la Bougie qui sert à la tenir pour la pousser dans le canal de l'Urétre soit plus grosse que celle qui doit être introduite ; on roule ces languettes avec art entre les doigts, & ensuite entre deux piéces de marbre ; c'est ainsi qu'elles acquiérent le degré de consistance nécessaire à l'usage qu'on en veut faire ; on ne peut pas exactement déterminer la grosseur & la longueur des Bougies. La longueur doit être ordinairement de neuf pouces ; si elle étoit moindre, elle rendroit souvent les Bougies inutiles pour les embarras qui sont voisins du col de la vessie. Le mieux est d'en avoir de différentes longueurs pour se conformer à la longueur du canal de l'Urétre, & aux embarras dont il est affecté. Il en est de même de la grosseur qui doit être proportionnée au calibre de l'Urétre ; c'est la grosseur des Bougies qui rétablit le canal de l'Urétre dans son état naturel, en même tems qu'elles servent à porter le médicament dans les endroits du canal affecté, & le médicament dont elles sont composées agit ensuite en fondant les carnosités & les autres embarras du canal.

Seconde espece de Bougie.

La premiere espece de Bougie dont je viens de donner la composition, suffit pour faire fondre les carnosités ordinaires ; mais lorsqu'elles sont anciennes, ou calleuses, ou accompagnées de fistule au Périné, elles résistent beaucoup plus long-tems à l'action de ces Bougies ; il faut donc en pareil cas tremper le bout de ces mêmes Bougies dans la composition suivante.

Prenez six onces de cire, faites les fondre dans un poëlon, ajoûtez une once & demie ou deux onces d'Extrait de Saturne, en observant que la cire ne soit pas trop chaude : remuez le tout avec une espatule de bois jusqu'à ce que le mêlange soit bien fait. Après avoir ôté le poëlon du feu, trempez-y le bout des Bougies que je viens de décrire, roûlez ce même bout entre deux marbres afin qu'il soit égal au reste de la Bougie.

Ces Bougies ainsi préparées ont un effet prompt & sûr contre les carnosités les plus calleuses. Le nombre des guérisons qu'elles ont operé composeroit un volume ; mais je crois, Monsieur, que celles dont j'ai parlé dans mon Mémoire imprimé en 1746. vous paroîtront suffisantes pour assurer l'efficacité de ce reméde. Depuis ce tems-là j'ai encore guéri un plus grand nombre de malades, parmi lesquels il y en a eu plusieurs qui avoient été traités inutilement par les plus grands Praticiens dans ce genre de Traitement. Mais il n'en est pas de ces guérisons comme des autres, la plûpart des malades seroient fâchés d'être nommés. Il me suffira donc, Monsieur, de vous faire ressouvenir, que les guérisons dont j'ai parlé dans le Mémoire de 1746. sont attestées par des Commissaires nommés par la Société Royale des Sciences, ils en on été témoins, & le sont encore dans les occasions qui se présentent ; enfin c'est aux épreuves qu'à présent tout Chirurgien peut faire comme moi, à confirmer ce que j'ai avancé dans le Mémoire de 1746. & ce que je vais ajoûter dans cette Lettre.

Pour parvenir au succès dont je parle, il n'est que

tion que d'approprier mon Reméde aux différens cas auxquels il est propre, selon ce que j'ai dit dans le Mémoire de 1746. Personne n'ignore qu'avant l'introduction des Bougies, elles doivent être mouillées d'huile ; on a accoutumé de les lier avec du coton filé autour du gland ; j'ai cru devoir m'écarter de cette méthode, l'expérience m'a appris qu'elle faisoit traîner les guérisons en longueur, il n'est pas possible qu'il en soit autrement, parce que les Bougies ainsi attachées ne portent que très-peu ou point du tout sur la carnosité.

Pour accélerer la guérison, & faire ensorte que la Bougie porte sur la carnosité, je fais placer le malade sur le lit ou sur une chaise, je lui fais mettre les pieds sur une autre chaise placée vis-à-vis de lui, le malade tient la verge d'une main, & de l'autre il introduit la Bougie dans le canal : & lorsqu'elle est arrêtée par la carnosité, il la tient légérement appuyée dessus, & par des petits mouvemens légers, il tâche de la faire avancer s'il est possible ; sinon il répéte le même exercice qui doit durer environ une heure & demie par séance, qu'on peut répéter deux fois le jour, & communément on voit l'entiere guérison dans moins d'un mois. Par la même raison je désaprouve encore plus la licence qu'on donne aux malades de courir les rues avec la Bougie attachée au gland.

Vous m'objectez, Monsieur, avec raison, que la seule liqueur & la cire doivent faire une matiere trop cassante pour en composer des Bougies qui ayent un peu de souplesse & de flexibilité. Je sçai que c'est le propre des préparations de plomb, de donner de la consistence aux Médicamens topiques dans la composition desquels on les employe. Cette objection est judicieuse, & je comptois la prévenir, en donnant en détail la composition de mon Reméde & de mes Bougies; vous trouverez donc, Monsieur, dans la suite du

Mémoire, des formules de Bougies avec l'Extrait de Saturne, la cire, l'huile & la graisse, dans la vûe de les rendre plus flexibles, & plus propres que les premieres, aux cas pour lesquels elles sont destinées; les Bougies avec l'Extrait de Saturne & la cire, ont cependant leur utilité, & méritent même la préférence dans de certaines circonstances, pour plusieurs raisons qu'il est bon de déduire ici. 1°. Ces Bougies introduites dans le canal, se ramollissent par la chaleur & cessent d'être cassantes. 2°. Elles conservent la fermeté nécessaire pour être poussées utilement sur les carnosités, & pour que l'action du Remède puisse agir plus efficacement & avancer la guérison. 3°. Les Bougies ainsi préparées, sont d'un très-grand secours dans la rétention d'urine, on peut les pousser souvent jusques dans la vessie, condenser par leur action les liqueurs raréfiées dans les carnosités qui causent la suppression, & procurer par là la sortie de l'urine.

Troisiéme espece de Bougie.

Le traitement des carnosités accompagnées des fistules au Périné & de cicatrices anciennes & calleuses, n'est pas différent de celui que nous avons déja exposé; la guérison de ces fistules dépend toujours de la fonte des engorgemens ou obstructions du canal de l'Urétre. L'engorgement des glandes de l'Urétre est communément une suite des effets du levain vénérien, ou des écoulemens virulans produits par les ulceres de cette partie, ils font obstacle au passage de l'urine en retrécissant le conduit; à quoi on peut ajoûter encore la trop grande distention ou engorgement des vaisseaux de la membrane intérieure du canal, ce qui arrive le plus souvent à la portion placée depuis le *veru-montanum* jusqu'au col de la vessie; l'expérience fait connoître cette espece de maladie par l'introduction d'une Bougie qui paſſe au travers de ce gonflement ſans être arrêtée, mais ſeulement comprimée, & où elle cauſe une douleur conſidérable ; ce que je viens de dire ne concerne que les glandes de l'Urétre, connues ſous le nom de glandes de Cowper, de Litre, & de Morgagni, & dont les vaiſſeaux ſe gonflent ; la glande Proſtate gonflée juſqu'à un certain point ne laiſſe aucun paſſage à la Bougie, de même que les carnoſités ; elles changent la direction du col de la veſſie, & cauſent ſouvent une maladie auſſi difficile à guérir que dangereuſe.

Les Bougies dont nous avons parlé, compoſées avec l'Extrait de Saturne, ſont le moyen le plus aſſuré pour opérer le dégorgement ou la réſolution des liqueurs de ces glandes, & pour rétablir le reſſort de leurs vaiſſeaux excrétoires ; mais il faut les compoſer d'une maniere un peu différente, parce qu'il eſt néceſſaire qu'elles ayent plus de force dans toute leur étendue, ſans qu'elles ayent tant de ſolidité.

Quatrième eſpece de Bougie.

Sur la quantité de ſix livres de cire, mettez une demi-livre de ſuif de bouc ou de mouton, le tout étant fondu ſur un feu lent, ajoûtez quatre onces d'Extrait de Saturne en remuant toujours avec une eſpatule de bois juſqu'à un parfait mêlange. Tirez alors la baſſine du feu, & lorſque la matiere aura diminué de chaleur, trempez-y des toiles de la largeur & longueur convenables, & avec les mêmes attentions qu'il a été déja dit.

Cinquième eſpece de Bougie.

Comme il eſt des malades qui ont le canal de l'Urétre extrêmement ſenſible, & auxquels l'introduction des

Bougies composées avec l'Extrait de Saturne cause une douleur qu'ils ont peine à supporter au commencement du traitement ; j'ai trouvé un moyen de les soulager en composant des Bougies simples, dont l'usage accoutume peu à peu le canal à l'impression des Bougies composées.

Prenez six livres de cire en grain, ajoûtez demi-livre de graisse récente de mouton ou de bouc, faites fondre le tout ensemble, jettez-y ensuite demi-livre d'huile récente d'amande douce tirée sans feu, remuez le tout avec une espatule de bois, jusqu'à ce que le mélange soit bien fait, trempez & coupez ensuite les toiles de la même maniere que ci-dessus.

Outre cette utilité des Bougies simples, on peut encore s'en servir dans certains cas pour préserver le canal de l'Urétre de l'irritation que peuvent causer les Bougies plus fortes, en trempant le bout de ces dernieres Bougies dans la matiere de la seconde espece dont j'ai parlé ; il est encore un autre moyen pour préserver le canal de l'irritation, ou la faire cesser lorsqu'elle est arrivée, c'est de sçavoir suspendre à propos l'usage de toutes Bougies pendant un, deux, ou trois jours, ainsi que je l'ai dit dans mon Mémoire sur les maladies de l'Urétre.

Le canal de l'Urétre se trouve quelquefois endurci & calleux dans une certaine étendue, ce qui provient, soit de l'ancienneté de la maladie, soit de l'usage qu'on a fait des sondes de plomb, des cordes à boyaux ou d'autres corps étrangers, qui n'ont d'autre vertu que celle de comprimer. Il faut employer dans ce cas des Bougies plus fortes, & ainsi, au lieu d'une demi-once d'Extrait de Saturne sur chaque livre de cire, mettez-en une once. La quantité de cet Extrait augmente ou diminue la vertu de ces Bougies & leur donne différentes gradations, dont les habiles Chirurgiens peuvent tirer avantage. Je n'ignore pas qu'on ajoûte à la composition des Bougies les plus renommées des emplâtres, des onguens & autres drogues de différentes couleurs; mais tous ces ingrédiens ne servent qu'à donner de l'irritation & à dérouter ceux qui cherchent à découvrir la composition des Bougies. Il en est de même des Bougies supuratives pour fondre & guérir les carnosités; loin de penser à causer une supuration, il faut un médicament qui opere des effets bien différens; le principal de ces effets est produit par les parties fines de la litarge, qui se débarrassant de la cire lorsque la Bougie est échauffée pénétrent la substance de la carnosité, & divisent les liqueurs qu'elle contient. L'acidité du vinaigre augmentée par son ébulition avec la litarge, resserre & fronce peu à peu la carnosité, & en exprime la liqueur divisée par les particules de la litarge. C'est ainsi qu'on parvient à guérir & à détruire les embarras du canal, & non par aucune supuration qu'il faut au contraire éviter, en supprimant de la composition des Bougies, tous les médicamens qui peuvent la produire.

Quand on est parvenu à débarrasser le canal de ces obstructions, & à faire sortir l'urine à plein canal, il faut rendre la guérison durable; quelquefois les excroissances n'ayant pas été suffisamment fondues se regonflent, & causent peu de tems après les mêmes accidens: ceci n'est pas sans exemple, le meilleur moyen pour prévenir cette rechute est d'ordonner au malade d'user encore des Bougies pendant quelque tems après celui qui est destiné pour le traitement; de cette façon on acheve de fondre ce qui reste.

L'enflure de la glande Prostate est une des plus difficiles & plus dangereuses maladies de l'Urétre, la difficulté de la guérison dépend orginairement de l'état d'épaississement de la liqueur contenue dans les vaisseaux de cette glande. Si elle est schirreuse, la guérison n'en peut être operée par les Bougies, sur-tout lorsque la cause n'en est pas vénérienne, ce qui arrive quelquefois. Mais lorsque le levain est virulent, les frictions générales & particulieres peuvent changer l'état de cette glande ; les Bougies peuvent être aussi d'un grand secours pour opérer ce changement, principalement lorsque la glande n'a pas acquis un certain degré de solidité. Avant de commencer le traitement de ces sortes de maladies avec les Bougies, il est important de s'instruire de l'état de cette glande, & c'est ce qu'on peut faire en introduisant dans le fondement un ou deux doigts mouillés d'huile qu'on incline de derriere en devant vers le col de la vessie où cette glande est placée.

Les Gonorrhées habituelles ont été regardées comme l'écueil de la Chirurgie, elles sont occasionnées ou par le relâchement, ou par la corrosion des vaisseaux excrétoires des glandes de l'Urétre, très-rarement par des ulceres de cette partie ; mais dans l'un ou l'autre cas le traitement avec mes Bougies est le même, puisqu'elles ont la vertu de fondre les engorgemens des vaisseaux, de rétablir leur ressort, & même de consolider les ulceres s'il y en a ; cependant il est à remarquer que les Gonorrhées causées par la corrosion des vaisseaux excrétoires sont infiniment plus difficiles à guérir. On doit employer pour ces écoulemens la premiere & la troisiéme espece de Bougies dont on continue l'usage jusqu'à la supression de l'écoulement.

Vous venez de lire, Monsieur, plusieurs raisonnemens sur les maladies de l'Urétre, que vous aviez déja lûs en partie dans mon livre imprimé sur cette matiere. J'ai été obligé d'en répéter quelques-uns, & je le fais d'autant plus volontiers que plusieurs Auteurs qui ont imprimé depuis moi sur le même sujet l'un en 1748, l'autre en 1750 m'ont fait l'honneur de les adopter jusqu'aux expressions mêmes. Il est vrai qu'ils ne m'ont point fait celui de me citer une seule fois dans leurs livres. Il faut sans doute qu'ils ayent oublié ce qu'ils ont pû lire dans mon livre imprimé en 1746. ou qu'un hazard merveilleux nous ait fait penser & même exprimer de la même façon sur plusieurs points de la Chirurgie, qui ont du rapport aux maladies de l'Urétre & aux effets du médicament dont les Bougies sont composées.

Après vous avoir exposé, Monsieur, les différentes formules de la composition de mes Bougies, pour opérer les guérisons des maladies de l'Urétre, je crois que vous trouverez bon que je vous expose ici les différentes formes sous lesquelles on peut faire usage de ce même reméde pour combattre des maux d'une autre espece, comme je l'ai vû par des expériences réiterées.

Je prends du marc qui se trouve dans la chaudiere où l'on a fait bouillir le vinaigre avec la litarge, je l'étends sur une planche pour le faire sécher, ensuite je le mets en poudre, dont je fais usage sur les playes blaffardes, molasses & baveuses dont les bords sont gonflés, & même calleux. Cette poudre est employée aussi utilement sur les playes anciennes & sur les ulceres.

Lorsque les playes sont douloureuses, elles pourroient être irritées par l'action de cette poudre. Je lui ôte de sa force en la lavant avec de l'eau commune, une ou plusieurs fois, alors elle agit comme un absorbant propre à redonner du ressort aux vaisseaux relâchés & à se charger des sérosités qu'ils produisent.

Le même marc, en lui laissant toute sa force, & en le mêlant avec de la mie de pain, de l'eau & de l'huile de camomille, fait un excellent cataplasme pour être appliqué sur différentes fluxions, sur-tout, sur celle des testicules, appellée Spermatocelle.

Je fais encore un grand usage du marc dont nous

venons de parler. Par exemple, sur le marc de dix pintes de vinaigre & de dix livres de litarge, jettez vingt ou vingt-cinq pintes d'eau commune, que vous remuerez avec une espatule de bois pendant un petit quart d'heure, il en résultera une liqueur que j'appelle vegeto-minerale, qui est excellente contre les inflammations, contusions, meurtrissures, entorses: elle est encore propre pour laver les playes, même en injections, sur-tout pour les playes fistuleuses. On peut l'employer en gargarismes, douches, & bains; c'est un excellent défensif appliqué sur les playes d'armes à feu, en les couvrant de compresses trempées dans cette liqueur, on juge de sa force par ses effets, ou en y trempant le doigt qu'on porte ensuite sur la langue; si elle trop forte on l'affoiblit avec de l'eau commune; si elle est trop foible, on lui donne de la force en y ajoûtant quelques gouttes d'Extrait de Saturne.

J'ai dit plus haut, que la litarge & le vinaigre ayant bouilli ensemble dans une chaudiere pendant environ une heure, on voit surnager une liqueur que j'appelle Extrait de Saturne. J'ai dit encore que c'est de cet Extrait que les Bougies tirent toute leur vertu; si l'on veut donner plus de force à cet Extrait, il faut, après l'avoir séparé du marc, le filtrer à travers du papier gris, le mettre dans une casserole sur un petit feu où il prendra plus de consistence; on en pourra faire usage dans tous les cas pour lesquels je l'ai indiqué. Je l'ai employé ainsi fortifié, pour les playes fistuleuses & pour les vieux ulceres que l'on peut toucher avec des pinceaux trempés dans cette liqueur.

On peut porter dans sa poche un petit flacon rempli de cet Extrait, & on est assuré d'avoir le plus grand de tous les Remédes pour s'en servir dans une infinité d'occasions pressantes & inattendues, comme pour des contusions, meurtrissures, échimoses, inflammations entorses, &c. on ne fait dans ces circonstances que jetter de cet Extrait dans de l'eau commune, on y trempe des compresses dont on couvre les parties. Dans tous les cas dont nous venons de parler, on fera attention à l'état de la partie affectée, parce que plus elle est douloureuse, moins il faut mettre de gouttes d'Extrait de Saturne dans l'eau ; c'est à la prudence du Chirurgien qu'en est réservée l'augmentation ou la diminution.

Je suis dans l'usage d'ajoûter quelques gouttes d'eau-de-vie sur un verre d'eau commune préparée avec l'Extrait de Saturne, qui devient aussi le plus grand de tous les topiques pour les ophtalmies ; & pour les surdités commençantes qui viennent à la suite des fluxions des oreilles, au lieu des gouttes d'eau-de-vie pure, j'ajoûte quelques gouttes d'eau-de-vie camphrée.

Cette liqueur vegeto-minerale faite seulement avec l'Extrait de Saturne & l'eau commune, ou avec celle qui est préparée avec le marc est d'un usage merveilleux, en l'appliquant sur les phimosis accompagnés de chancres invétérés, j'y fais baigner la partie une heure le matin & autant le soir, & puis je fais panser le malade de la maniere suivante.

Je prends dix onces de beurre ou de graisse récente que je lave pendant quelque tems avec la liqueur vegeto-minerale, un peu plus forte qu'à l'ordinaire. Je coupe ensuite de petites languettes de linge de la figure qu'il faut pour les introduire, couvertes de cette pomade, entre le prépuce & le gland avec une espatule. J'injecte encore de cette liqueur entre le prépuce & le gland, que j'enveloppe dans des compresses trempées dans cette liqueur. C'est par cette méthode que j'ai guéri, sans opération, dans l'Hôpital que le Roi entretient à Montpellier, une très grande quantité de malades qu'on étoit en usage d'opérer avant que j'en fuſſe le Chirurgien. On verra ces choſes dans un plus grand détail dans les obſervations que je me propoſe de donner ſur cette matiere, dès que mes occupations m'en donneront le loiſir.

Cette liqueur vegeto-minerale, très-adoucie, eſt la meilleure de toutes les injections pour la gonorrhée virulente. Elle ne cauſe point d'irritation, elle déterge les ulceres en augmentant le jeu des vaiſſeaux ; mais on ne doit point oublier la régle générale, qui eſt de n'uſer d'injection dans cette partie qu'avec de grands ménagemens ; car tant que l'écoulement eſt accompagné d'ardeur d'urine, & d'une douleur qui s'étend plus ou moins dans l'Urétre, les injections doivent être, ou retardées, ou extrêmement douces. On en augmente la force peu à peu à meſure que les accidens diminuent.

J'ai remarqué dans une infinité d'occaſions que cette liqueur eſt un excellent antivénérien, lorſqu'on l'applique ſur les exulcérations cutanées produites par le virus. Elle m'a été également d'un grand uſage pour arrêter les progrès des chancres malins & invétérés, & contre leſquels les autres topiques n'avoient pû être d'aucun effet. Cette même liqueur priſe intérieurement, eſt un remède ſinguliérement bon contre les incontinances d'urine cauſées par le relâchement ou l'ulceration du *ſphincter* de la veſſie.

Pour la faire prendre intériéurement, je mets ſeulement douze ou quinze gouttes de l'Extrait de Saturne dans une pinte d'eau commune que je fais boire au malade dans le courant d'une journée; indépendamment de cette boiſſon, je fais faire des injections dans le canal de l'Urétre avec la même liqueur plus forte que celle que le malade prend intérieurement, elle remplace bien ſupérieurement le vin, l'eau-de-vie, & les autres topiques uſités, & ſouvent contraires au but que l'on ſe propoſe.

Lorfqu'on l'applique fur quelque playe enflammée ou d'armes à feu, ou autres inflammations, il fuffit d'être attentif à mouiller les compreffes toutes les deux ou trois heures, avec ladite liqueur.

Les topiques les plus convenables pour le panfement des Ulceres cancereux font les préparations de plomb en général ; cependant on eft dans l'ufage d'appliquer des anodins & des huiles douces, comme celles d'amande & d'œuf, dont on fait un cerat avec la cire battue dans de l'eau, dans la vûe de calmer l'irritation & la douleur qui accompagnent prefque toujours ces fortes d'ulceres. J'ufe de ma liqueur vegeto-minerale avec grande fatisfaction en pareil cas, je la mêle avec du beurre frais que je fais battre enfemble pendant quelque tems, j'en couvre des plumaceaux que j'applique enfuite fur ces fortes d'ulceres, après les avoir doucement lavés avec ladite liqueur ; j'ai fouvent calmé de cette façon des douleurs & des irritations qui avoient réfifté à bien d'autres topiques. Dans le cas des fleurs blanches, elle eft propre encore à les arrêter en rétabliffant le reffort des parties relâchées.

Je dois faire remarquer qu'on doit bien fe garder de confondre l'Extrait de Saturne avec la liqueur vegeto-minerale. L'Extrait de Saturne n'eft autre chofe que la liqueur qui réfulte de l'ébullition du vinaigre avec la litarge pendant environ une heure. La liqueur vegeto-minerale eft un mêlange de l'Extrait de Saturne avec l'eau commune ; j'ai fait voir combien cette liqueur fouffre de gradations qui dépendent de la quantité de gouttes de l'Extrait. On doit les proportionner à la qualité du mal pour lequel on l'employe : je ne puis en déterminer exactement la doze, la prudence de celui qui l'employe doit fixer la gradation : je dirai feulement, qu'à la quantité d'une petite cuillerée à caffé fur une pinte d'eau, la liqueur vegeto-minerale eft dans fa force ordinaire.

J'ajouterai

J'ajouterai seulement ici quelques formules des Pomades, & d'une Peau divine, dont je me sers depuis plusieurs années avec un grand succès, & qui doivent leur principale vertu à l'Extrait de Saturne.

Premiere Formule d'une Pomade.

Prenez huit onces de cire en grain, faites-la fondre à petit feu dans un poëlon, ajoutez-y dix-huit onces d'huile rosat en remuant jusqu'à ce que le mélange soit fait, mettez sur le tout quatre onces d'Extrait de Saturne, qu'on versera doucement en remuant toujours avec une espatule pour en faire le mélange, ajoutez une dragme de camphre en remuant toujours jusqu'à ce qu'il soit fondu, ôtez le poëlon du feu & continuez de remuer jusqu'à ce que la matiere ait pris quelque consistance; cette Pomade est un topique merveilleux pour les playes fistuleuses, pour les ulceres calleux, pour les ulceres scrophuleux, & pour ceux même qui sont produits par un mélange scrophuleux, vénérien, & même scorbutique.

Elle n'est pas moins spécifique pour combattre les demangeaisons de la peau; je lave premiérement l'endroit affecté avec la liqueur vegeto-minérale, puis je le couvre de Pomade, & je mets du papier fin par-dessus & ensuite des compresses, &c. C'est de cette façon que je suis venu à bout de guérir des dartres qui avoient résisté à d'autres médicamens. J'observerai pourtant que si on vouloit faire usage de cette Pomade pour des dartres anciennes qui sont des égouts vicieux de la masse du sang, il faudroit y mettre une très-légére dose d'Extrait de Saturne & de camphre, sur la même quantité de cire & d'huile.

Cette Pomade est un topique excellent, appliquée sur les chancres vénériens après les avoir lavés avec la liqueur vegeto-minérale.

Elle est très-bonne pour les parties menacées de pourriture & de gangrene, en les lavant toujours avec de la liqueur avant d'appliquer la Pomade.

Il est quelquefois des playes & des ulceres si douloureux, qu'on ne peut sans les irriter les panser avec les onguens les plus doux ; je fais alors un cérat dont voici la composition.

Seconde Formule.

Prenez une livre d'huile, trois onces de cire en grain, mêlés ensemble l'huile & la cire dans un plat ou dans une casserole & mettez-les sur le feu : lorsque la cire sera fondue & mêlée avec l'huile, retirez le plat du feu & laissez réfroidir la matiere, puis jettez-y peu à peu huit onces de la liqueur vegeto-minerale en remuant le tout ensemble pour en faire le mêlange. On peut diminuer ou augmenter la consistance & la force de ce cérat, en augmentant & diminuant la quantité de la liqueur.

Je fais le *Nutritum* de Saturne avec la liqueur vegeto-minerale pour les playes, qui n'ont pas beaucoup de profondeur, pour les chancres & écorchures du gland, & des autres parties. En voici la composition.

Troisième Formule.

Prenez six onces de litarge d'or, réduite en poudre très-fine, qu'on mettra dans un mortier, mêlez trois onces d'huile avec cette litarge, ajoutez huit onces de la liqueur vegeto-minerale, versez-la peu à peu pour en faire un mêlange avec le reste.

Quatriéme Formule.

Pour fondre l'épaississement de la Sinovie dans les articulations & dans les gaînes des tendons, pour guérir les playes au voisinage des articulations, je fais une Pomade dont les effets ont étonné les Gens de l'Art. En voici la composition.

Prenez deux pintes d'eau commune, qu'on mettra dans un pot de terre vernissé, ajoutez deux onces d'Extrait de Saturne, & dix-huit onces de savon ordinaire coupé par tranches & qu'on jettera dans le pot. Mettez le tout sur un feu médiocre, vous remuerez toujours la matiere avec une espatule jusqu'à ce que le savon soit fondu, vous ajouterez alors un gros de camphre, & lorsqu'il sera fondu, vous retirerez le pot du feu, & vous vous servirez de cette Pomade de la maniere suivante.

Prenez de la liqueur vegeto-minerale qu'on fera chauffer jusqu'à ce qu'elle soit plus que tiéde, mettez-la ensuite dans un vase convenable à la partie affectée, qu'on fera tremper pendant un quart d'heure en la frottant avec la main ; outre ces bains, on peut encore faire couler de cette liqueur en maniere de douche sur la partie affectée. Après ce bain & la douche, on couvre la partie d'un linge chaud, & une heure après on la découvre pour appliquer la Pomade, dont on fait une onction, telle à peu près qu'on la fait avec l'onguent mercuriel ; ensuite on a du papier qu'on roule dans les mains, & dont on couvre la partie frottée, & par-dessus on applique un linge chaud, on renouvelle cette opération une fois le jour, & on continue jusqu'à la guérison, qui arrive ordinairement dans quinze ou vingt jours ; il faut avoir soin de ramolir avec la liqueur vegeto-minerale, la Pomade qui se sera épaissie dans le pot.

Formule des Peaux divines.

Prenez douze livres de cire qu'on fera fondre dans une bassine, ajoutez trois livres & demie d'huile d'olive, & lorsque la cire sera fondue & mêlée avec l'huile, vous ajouterez huit onces d'Extrait de Saturne qu'on fera couler doucement en remuant toujours avec l'espatule. Lorsque le mélange est fait, ajoutez deux gros de camphre en remuant toujours jusqu'à ce qu'il soit fondu ; tirez alors la bassine du feu, trempez des toiles médiocrement fines, de la longueur & largeur qu'on jugera à propos, & de la même façon que j'ai dit qu'il falloit tremper ces toiles pour les Bougies.

Ces Peaux divines opèrent de très-bons effets, lorsqu'on les applique sur les parties attaquées de douleurs de rhumatisme, qu'il ne faut pas confondre avec des douleurs ostéocopes, qui ordinairement sont vénériennes, & d'ailleurs trop profondes pour se ressentir des effets de la Peau divine. Les parties affoiblies & douloureuses, trouvent un grand soulagement dans ces Peaux divines, qui sont d'un grand secours dans les Hôpitaux, sur-tout hors des saisons des eaux minerales & dans les endroits qui en sont éloignés. On peut les employer pour tous les cas où l'on use des autres Peaux divines, en prenant la précaution de laver auparavant la partie avec l'eau vegeto-minerale chaude.

Voilà, Monsieur, les différentes modifications que je donne à mon Reméde, & qui produisent les effets dont j'ai parlé. Les observations que je donnerai ensuite, acheveront de déterminer le véritable usage que j'en fais ; peut-être que de plus habiles que moi, trouveront le moyen de l'étendre à des choses plus utiles, & d'en faire un des Remédes des plus généraux & des plus efficaces de la Chirurgie. J'ai attendu à lui donner un certain point de perfection pour en faire un présent au Public & à la Chirurgie. Je ne doute pas que mon exemple n'engage ceux qui ont des Médicamens secrets & utiles au Public, à en enrichir la Chirurgie. Il y auroit de l'inhumanité dans celui qui refuseroit à ses semblables les secours que les talens, l'expérience ou le hazard lui découvrent. Il me semble que tous les hommes doivent travailler en commun à leur mutuelle conservation ; c'est ce que je me suis proposé en donnant à la Chirurgie & au Public le fruit de mes travaux, dont le secret auroit pû, sans doute, augmenter considérablement ma fortune, mais ne m'auroit jamais procuré la satisfaction que vous m'avez fait ressentir, en approuvant autentiquement ma conduite lorsque j'ai rendu mon Reméde Public.

Je suis avec le plus respectueux attachement,

MONSIEUR,

A Montpellier,
le 5 Nov. 1751.

Votre très-humble & très-obéissant Serviteur,
GOULARD.

EXTRAIT DES REGISTRES
DE
L'ACADÉMIE ROYALE
DE CHIRURGIE.
Du 16 Décembre 1751.

MONSIEUR GOULARD, Associé de l'Académie Royale de Chirurgie, ayant présenté à la Compagnie un Ouvrage qui a pour titre : *Lettre de M. Goulard à M. de la Martiniere, Premier Chirurgien du Roy*, Dans lequel l'Auteur donne au Public la composition de son Reméde pour les Bougies, elle a nommé pour l'examiner Messieurs de Gramond & Chauvin, & les Commissaires ayant applaudi au dessein & à la générosité de M. Goulard, elle a consenti à ce qu'il publiât son Ouvrage avec la qualité de Membre de l'Académie ; en foi de quoi j'ai donné le présent Extrait des Registres. A Paris ce 17 Décembre 1751.

MORAND.

Secretaire perpétuel de l'Académie Royale de Chirurgie.

www.ingramcontent.com/pod-product-compliance
Lightning Source LLC
Chambersburg PA
CBHW070543050426
42451CB00013B/3153